Cuentos de tiburones

EDICIÓN PATHFINDER

Por Rene Ebersole

CONTENIDO

Cuentos de

Los tiburones están en problemas.
Algunas especies podrían extinguirse
en poco tiempo.

tiburones

Por Rene Ebersole

Tiburón martillo

Matones de la playa. *Los tiburones toro viven en aguas poco profundas y pueden atacar a los seres humanos.*

¿Que harías si un tiburón hambriento te atacara? Esperamos que nunca tengas que responder a esta pregunta en la vida real. Aaron Pérez (arriba) no tuvo esa suerte. Un verano, este niño de 11 años nadaba cerca de la costa del Golfo de México. De pronto, un tiburón toro lo atacó.

Afortunadamente, Aaron supo qué hacer. Justo el día anterior, había aprendido que uno tiene que dar puñetazos en las branquias u ojos del tiburón que ataca.

Como el tiburón toro mordió el brazo del niño, Pérez le dio puñetazos en las branquias. El tiburón lo soltó. Aaron pudo llegar a la costa a salvo.

¿Quién le teme a quién?

Aaron sobrevivió al ataque. Unos pocos días después, habló de él. "El tiburón era grande y feo", dijo, "más grande que mi papá".

Los ataques de tiburón son horribles. Por suerte, también son raros. A nivel mundial, los tiburones atacan a menos de cien personas por año. Apenas alrededor de seis mueren.

La mayor parte de los ataques suceden en aguas donde se sabe que habitan tiburones. En esos lugares, los dentudos cazadores pueden ahuyentar de la playa a mucha gente. Sin embargo, en general, los tiburones tienen muchas más razones para temernos a nosotros que nosotros a ellos.

Caza de tiburones

Cada año, los seres humanos matan 60 millones de tiburones. El móvil fundamental es conseguir el **cartílago** de tiburón. Ese material suave y flexible constituye el esqueleto de un tiburón.

Muchas personas usan el cartílago de tiburón para tratar el cáncer. Puedes encontrarlo en algunas tiendas de alimentos saludables de los EE.UU. Pero nadie ha comprobado que el cartílago de tiburón realmente cure el cáncer.

También se buscan las aletas de tiburón. Los cocineros de muchos países asiáticos usan las aletas para preparar sopa. Esa deliciosa sopa es muy cara. ¡En China, un tazón puede costar cien dólares!

Caza excesiva

Debido a que algunas partes de los tiburones son tan valiosas, ciertas especies, o tipos, se cazan de forma excesiva. Eso puede provocar que se extingan para siempre. Lo que sería muy malo. ¿Por qué? Bueno, los tiburones tienen una larga historia en la Tierra. Nuestro mundo no sería lo que es sin ellos.

Los primeros tiburones vivieron hace 400 millones de años. Mucho antes que los dinosaurios. Poco se sabe sobre los tiburones **prehistóricos.** Los científicos han encontrado pocos fósiles. Esto se debe a que el cartílago no perdura demasiado. Pero los científicos sí han encontrado una cosa: dientes.

Diente de tiburón prehistórico

Diente de gran tiburón blanco moderno

Todo tipo de tiburones

Aproximadamente 400 especies de tiburones nadan en los océanos del mundo hoy. Los hay de todos los tamaños. Por lo general, los tiburones son **depredadores**. Se alimentan de otros animales. Ahora conozcamos algunos tiburones.

El **tiburón ballena** es el pez más grande del mar. Al llegar a adulto, puede medir tanto como un autobús escolar. Sin embargo, no caza animales grandes. En cambio, este tiburón nada con su boca completamente abierta. Va recogiendo anchoas, sardinas y diminutos animales y plantas llamadas plancton.

Un **tiburón ángel** se oculta en la arena y el lodo del fondo del mar. Cuando un cardumen de peces pasa nadando, el tiburón atrapa la cena con sus quijadas.

El **tiburón martillo** usa su cabeza para inmovilizar a su **presa**, o alimento, mientras come.

El **tiburón sierra** tiene un hocico que parece la hoja de una sierra. Barre la arena con su extraño hocico hasta encontrar comida.

Casi 5000 dientes bien afilados revisten la boca de un **gran tiburón blanco**. Cuando uno se cae, otro lo reemplaza. Los dientes ayudan al tiburón a cazar. Pero no mastican la comida. La tragan sin masticar.

Se dice que la mayoría de los ataques de tiburones son ataques de grandes tiburones blancos. Los tiburones tigre y toro también pueden ser peligrosos. Al igual que ciertas otras especies.

Por qué atacan los tiburones

Nadie sabe por qué los tiburones atacan a las personas. Los científicos creen que puede ser que confundan su identidad. Para un tiburón, un nadador puede parecerse a una foca. Muchos tiburones comen focas.

El turismo puede plantear un problema aun mayor. Muchas personas quieren ver tiburones de cerca. Por lo que vierten **carnada**, o trozos de peces al mar. Entonces, los tiburones hambrientos nadan hacia los barcos de los turistas. Los tiburones son capaces de aprender a ir al mismo lugar una y otra vez en busca de comida.

Puede que a los tiburones no les guste el sabor de la carne humana. Los científicos destacan que los tiburones a menudo se alejan después de dar un mordisco. Claro que hasta una única mordedura de tiburón puede ser mortal.

Grandes problemas

Por más letales que parezcan los tiburones, estos temibles peces no son imparables. Casi 80 especies de tiburones están amenazadas o en peligro. Esto significa que pueden extinguirse.

"El tiempo se acaba para estas especies", dice Sonja Fordham, una científica de Ocean Conservancy. "Se necesitan con urgencia programas para proteger a los tiburones y su hábitat para asegurar que esta magnífica especie sobreviva".

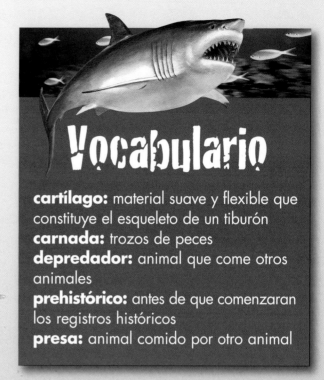

Vocabulario

cartílago: material suave y flexible que constituye el esqueleto de un tiburón
carnada: trozos de peces
depredador: animal que come otros animales
prehistórico: antes de que comenzaran los registros históricos
presa: animal comido por otro animal

En agua caliente. *Los grandes tiburones blancos no parecen estar en peligro. Pero su número está disminuyendo en todo el mundo.*

Te presentamos a los tiburones

Gran tiburón blanco
18 pies

Tiburón tigre
15 pies

Tiburón oscuro
10 pies

Tiburón martillo
15 pies

Marrajo dentudo
12 pies

Tiburón toro
9 pies

Cazón espinoso
4 pies

Tiburón sixgill
17 pies

Tiburón leopardo
4 pies

Tiburón de Groenlandia
18 pies

Alrededor de 400 especies de tiburón navegan por los océanos del mundo. Probablemente solo hayas oído de algunas pocas de estas criaturas de las profundidades. Esto se debe a que distintos tiburones viven en distintas partes del mar. Algunos nadan cerca de la costa. Otros viven en aguas más profundas.

Los tiburones también tienen distintos tamaños. El tiburón ballena es el pez más grande. Mide casi tanto como un autobús escolar. Los tiburones más pequeños miden unas pocas pulgadas de largo. Algunos tiburones viven en lo más profundo. ¿En qué se parecen estos tiburones? ¿En qué se diferencian?

Tiburón ballena
40 pies

Tiburón peregrino
25 pies

Tiburón limón
10 pies

Tiburón cailón
8 pies

Tiburón tigre de arena
10 pies

Tiburón sedoso
9 pies

Tiburón azul
9 pies

Tiburón oceánico de punta blanca
10 pies

Tiburón de punta negra
8 pies

Tiburón trozo
7 pies

Tiburón cazón
6 pies

Tiburón zorro
15 pies

Tiburón cornudo
4 pies

Tiburón ángel
4 pies

Tiburón inflado
3 pies

Tiburón nodriza
10 pies

Dientes de tiburón

Filo cortante. *Los dientes de este gran tiburón blanco tienen un borde dentado que permite rápidamente cortar y triturar su alimento.*

Los científicos pueden aprender mucho acerca de un tiburón con tan solo mirar sus dientes. Pueden decir qué tipo de tiburón era, qué tamaño alcanzó e incluso qué le gustaba comer.

Verás, cada tipo de tiburón tiene su comida favorita. Algunas especies adoran el sabor del pulpo y el calamar. Otras prefieren los peces, tortugas o pájaros. Con dietas tan variadas, los tiburones necesitan distintas clases de dientes. Algunas especies tienen dientes largos y finos. Son perfectos para capturar peces pequeños. Otras tienen dientes fornidos que los ayudan a luchar contra presas más grandes. Son lo bastante fuertes como para masticar músculo y huesos.

Lo más asombroso de los tiburones es precisamente cuántos dientes tienen; y cuántos pierden. Las personas solo tenemos dos juegos de dientes que deben durar toda la vida. Pero los tiburones llegan a tener hasta 15 juegos de dientes. Resulta útil, ya que sus dientes siempre se están cayendo. Cuando un diente se cae, inmediatamente otro ocupa su lugar. ¡Así los tiburones pueden perder hasta 50.000 dientes a lo largo de su vida!

Observa los dientes de tiburón que se muestran abajo. ¿Qué puedes decir sobre la forma de cada diente?

TIPOS DE DIENTES

Este diente de tiburón tigre de arena es largo y puntiagudo. Permite al tiburón apuñalar peces pequeños y huesudos y anguilas.

Este diente de gran tiburón blanco tiene un borde como un serrucho. Permite cortar y desgarrar.

Este diente filoso y triangular pertenece a un tiburón toro. Sirve para rebanar grandes presas.

Cuentos de tiburón

**Hinca el diente en estas preguntas
y averigua cuánto has aprendido.**

1 ¿Por qué la gente caza y mata a
los tiburones?

2 ¿Por qué es difícil aprender sobre
los tiburones prehistóricos?

3 ¿Qué comen los tiburones?

4 ¿De qué formas atrapan y comen
su presa los tiburones?

5 ¿Por qué puede ser que los
tiburones ataquen a la gente?